SUPPLÉMENT

A LA 2me PARTIE DU

RÉGIME DES EAUX,

comprenant

LES EAUX NON NAVIGABLES NI FLOTTABLES.

T. III, p. 7, après la 22e ligne, ajoutez :

Nous avons fait consacrer particulièrement ce principe par arrêt du Conseil, en date du 23 juillet 1844, rendu sur le pourvoi du marquis de Dauvet, poursuivi pour avoir fait réparer une brèche occasionée à l'une des rives de ses prairies, le long de la rivière flottable de l'Iton, par l'irruption des eaux ou le passage des trains de bois.

Le même jour, le Conseil-d'Etat a rendu, en faveur de la même personne, un second arrêt qui décide que le propriétaire d'un moulin alimenté par une dérivation faite à la rivière flottable peut, sans autorisation, combler le canal de son moulin, et rendre les eaux au lit ordinaire.

T. III, p. 8, *à la* 12e *ligne, après le mot* administrative, *ajoutez :*

C'est ce qui a été reconnu dans l'affaire de M. de Luppé, propriétaire le long de la Garonne. Le préfet, par un arrêté qui avait reçu la sanction ministérielle, avait prescrit de n'établir les digues qu'à deux kilomètres environ des bords du fleuve, sous prétexte que, dans les crues extraordinaires, les digues plus rapprochées étaient nuisibles à l'intérêt public.

Nous fûmes chargé d'attaquer cette mesure au Conseil-d'Etat. Nous démontrâmes facilement qu'elle renfermait un excès de pouvoir en grevant la propriété privée d'une servitude inconnue jusqu'alors. Nous fîmes remarquer que la liberté des héritages est de droit commun, qu'ils ne peuvent être grevés de charges quelconques qu'en vertu de lois ou de conventions; que l'ordonnance de 1669, les anciens et nouveaux réglemens n'imposent aux riverains qu'une servitude de trente pieds, savoir : vingt-quatre pieds pour le halage et six pieds de supplément; mais qu'ils sont formellement autorisés à construire ou planter au-delà.

M. le ministre des travaux publics reconnut le bien-fondé de cette réclamation, invita le préfet à rapporter son arrêté, ce qu'il fit. Le ministre déclara en outre au Conseil-d'Etat, qu'au moyen de cette nouvelle mesure, le pourvoi de M. de Luppé était devenu sans objet, et le Conseil, par ordonnance royale rendue sur la plaidoirie de M. Avisse, déclara par ce motif n'y avoir lieu de statuer.

T. III, p. 11, après le n° 677, ajoutez :

Nous avons toujours pensé, et nous persistons dans cette opinion, que les riverains peuvent sans autorisation préalable faire des prises d'eau et des barrages pour l'exercice de leur droit d'irrigation, lorsqu'il n'existe pas de réglemens administratifs exigeant cette autorisation; qu'alors les auteurs de ces innovations sont seulement exposés à des réclamations judiciaires ou administratives de la part des autres riverains qui en éprouveraient un dommage.

Cependant un arrêt du Conseil, du 20 mai 1843, rendu sur le pourvoi du sieur Bonneau, semble, par la généralité de ses termes, poser le principe absolu de la nécessité de l'autorisation préalable; mais en lisant avec attention les détails de l'espèce sur laquelle il est intervenu, on remarque que le préfet n'avait ordonné la suppression du barrage que parce qu'il était nuisible à un usinier voisin, en faisant obstacle au libre écoulement de l'eau, ou en détournant une partie de son volume. C'est donc toujours à la question de nocuité qu'il faut en revenir. Jamais l'administration ne se décidera à intervenir entre deux particuliers pour la conservation et l'application d'un principe théorique ; il faudra qu'il y ait préjudice causé à l'intérêt général. Aucune loi ne pourrait être invoquée à l'appui de la prétention de faire détruire une prise d'eau et un barrage, par cela seul qu'ils n'ont pas été préalablement autorisés, lors même qu'ils ne sont nuisibles à personne. Aucune peine ne pourrait être prononcée pour l'exécution de tels travaux dans ce cas spécial et limité. Le riverain construit donc à ses risques et périls, et s'expose à leur destruction lorsqu'ils sont nuisibles.

Du reste, il n'est pas douteux que l'administration ait le droit de faire des réglemens sur le mode d'irrigation, et d'y insérer la défense de faire des prises d'eau et barrages sans autorisation préalable, même lorsqu'il s'agit de rivières non navigables ou flottables, de simples ruisseaux ; la Cour de cassation l'a elle-même reconnu par plusieurs arrêts, notamment par celui du 9 mai 1843, rendu sur le pourvoi du sieur Ansiaume.

Ce pourvoi aurait pu faire naître une autre question, celle de savoir si les réglemens généraux, comme étaient ceux dont il s'agissait, avaient pu être faits par le préfet, ou s'ils ne devaient être exécutés qu'après approbation par le pouvoir souverain. Cette difficulté ne fut pas soulevée; d'ailleurs on aurait pu répondre que les arrêtés du préfet devaient être exécutés *provisoirement.*

T. III, p. 12, après le n° 678, ajoutez :

Un arrêt de la Cour de cassation, du 26 mars 1844, a décidé qu'un propriétaire ne pouvait, pour arroser son fonds, y exécuter des travaux et donner aux eaux une direction qui les faisait filtrer dans la cave de son voisin.

T. III, p. 29, après le n° 694, ajoutez :

Un arrêt de la Cour de cassation, du 20 juin 1842, rendu sur le pourvoi du sieur Couffinhal, reconnaît le principe que tout propriétaire a droit de faire surgir une source dans son fonds, même en coupant les veines qui alimentent la fontaine d'un voisin; mais il reconnaît en même tems que les particuliers peuvent, par des conventions, renoncer à cette faculté, et que si, au mépris des stipulations, ils font des fouilles qui coupent les veines d'une source, ils doivent être condamnés à rétablir l'ancien état des choses avec dommages-intérêts.

T. III, après le n° 757, ajoutez :

Dans sa session de 1846, la Chambre des pairs a repoussé un projet de loi qui tendait à donner à l'administration le pouvoir d'interdire aux propriétaires riverains des établissemens thermaux le droit de faire des fouilles dans leurs fonds. D'un autre côté, nous avons dit dans notre *Commentaire de la loi des irrigations*, en citant un arrêt de la Cour de cassation du 13 avril 1844, et un arrêt du Conseil-d'Etat, du 30 juin 1843, que l'autorité administrative n'avait pas le pouvoir de faire des réglemens pour interdire cette opération qui est l'exercice du droit de propriété. Il en résulte que les règles du droit commun sont applicables aux eaux thermales comme aux autres eaux, toutes les fois qu'il n'y a pas été dérogé dans les points qui sont susceptibles de quelques modifications.

Du reste, un arrêt de la Cour de Cassation, du 18 novembre 1845, a décidé que les objets destinés au logement et à la nourriture des personnes qui viennent à un établissement d'eaux thermales, bien distincts de ceux servant à l'exploitation même des sources, ne peuvent être considérés comme immeubles par destination.

T. III, après le n° 764, ajoutez :

Ces principes ont été consacrés par arrêt de la Chambre civile de la Cour de Cassation, du 21 août 1844, rendu sur ma plaidoirie dans l'affaire Baric contre Combes et Depins. La Cour de Montpellier, devant laquelle l'affaire fut renvoyée après cassation, paraîtrait n'avoir pas admis cette doctrine, et il semblerait que la Cour de cassation serait revenue sur la sienne, puisque, par arrêt du 8 juillet 1846, rendu malgré les efforts et le talent avec lequel M. Avisse, mon honorable successeur, a soutenu le pourvoi, il a été rejeté.

Mais il a été déclaré, par l'arrêt de rejet, que si les motifs de l'arrêt de Montpellier renfermaient quelques principes susceptibles de critique, au fond et en résultat, le dispositif n'avait rien de contraire au premier arrêt de cassation; que, conséquemment, ce qu'on pouvait reprocher à la Cour de Montpellier était un vice de rédaction plutôt qu'une erreur de doctrine.

T. III, après le n° 765, ajoutez :

Le droit de détourner toute l'eau et la dispense de la rendre à son cours ordinaire peuvent résulter valablement de conventions privées, exécutoires entre ceux qui les ont souscrites, mais sans préjudice du droit des tiers. Si l'art. 644 peut recevoir une modification par la prescription, il peut en recevoir des stipulations particulières; c'est aussi ce qu'a décidé un arrêt de la Chambre des requêtes de la Cour de cassation, en date du 18 novembre 1845.

T. III, p. 123, après le n° 771, ajoutez :

Un arrêt de la Cour de cassation, du 12 mai 1840, a formellement consacré le principe qu'un des riverains ne pouvait appuyer un barrage sur la rive opposée qui ne lui appartient pas, lors même qu'il ne pourrait sans ce barrage arroser son fonds. Il a été reconnu et proclamé dans le cours de la discussion de la loi du 29 avril 1845, et résulte de l'opinion presque unanime des auteurs, comme de la jurisprudence des arrêts; de sorte que c'est un point de doctrine aujourd'hui bien établi.

T. III, p. 128, après le n° 777, ajoutez :

La loi du 29 avril 1845 a apporté quelques changemens aux principes développés dans les numéros précédens, puisqu'elle autorise les tribunaux à accorder à tout propriétaire qui veut se servir, pour l'irrigation de ses propriétés, des eaux naturelles ou artificielles dont il a le droit de disposer, le passage de ces eaux sur les fonds intermédiaires, à la charge d'une juste et préalable indemnité.

Cette loi contient, sur l'écoulement des eaux, sur le droit de débarrasser les héritages de celles qui les submergent, et sur la compétence, plusieurs dispositions que nous croyons inutile de rapporter ici. Nous renvoyons au surplus au commentaire que nous avons publié sur cette loi.

T. III, après le n° 778, ajoutez :

Mais la Cour de cassation, par arrêt du 10 juin 1846, a décidé, en cassant un arrêt de la Cour royale d'Amiens, que les cours d'eau non navigables ni flottables ne sont pas la propriété privée des riverains; que s'ils ne peuvent être rangés parmi les choses qui appartiennent à l'Etat, ils doivent l'être du moins au nombre de celles qui n'appartiennent à personne, dont l'usage est commun à tous aux termes de l'art. 714 du Code civil. Voici le texte de la décision :

« La Cour; — Vu les art. 644 et 714 du Code civil; attendu qu'un cours d'eau se compose essentiellement et de ses eaux et du lit sur lequel elles s'écoulent; que les eaux et leur lit forment par leur union et tant qu'elle subsiste une seule et même nature de biens, et doivent, à moins d'une volonté contraire formellement exprimée par la loi, être régis par des dispositions identiques; — Attendu que l'art. 644 du Code civil confère à celui dont la propriété borde un cours d'eau non navigable ni flottable le droit de se servir de l'eau à son passage pour l'irrigation des propriétés, et à ceux dont cette eau traverse l'héritage le droit d'en user dans l'intervalle qu'elle y parcourt, à la charge de la rendre, à la sortie de leurs fonds, à son cours ordinaire; — Attendu que ces droits d'usage, spécifiés et limités, sont exclusifs du droit à la propriété du cours d'eau;

» Attendu que, d'après l'art. 563 du même Code, lorsqu'une rivière, même non navigable ni flottable, se forme un nouveau cours en abandonnant son ancien lit, les propriétaires des fonds nouvellement occupés prennent, à titre d'indemnité, l'ancien lit abandonné; — Que cette attribution faite par la loi démontre qu'elle ne considère pas l'ancien lit abandonné comme appartenant aux propriétaires riverains de cet ancien lit;

» Attendu que les cours d'eau non navigables ni flottables n'appartenant pas aux propriétaires riverains d'après les dispositions ci-dessus, ils rentrent dans la classe des choses qui, aux termes de l'art. 714 du Code civil, n'appartiennent à personne, dont l'usage est commun à tous, et dont la jouissance est réglée par des lois de police ;

» Attendu qu'à la vérité, les choses auxquelles s'applique l'art. 714 sont distinctes des biens qui, d'après l'art. 713, n'ayant pas de maîtres, appartiennent à l'état ; mais qu'il suffit que la loi refuse aux propriétaires riverains la propriété des cours d'eau non navigables ni flottables, pour qu'il n'y ait pas lieu de leur accorder une indemnité à raison de l'occupation du lit formant partie intégrante de ces cours d'eau ;

» Attendu que l'arrêt attaqué a accordé une indemnité au défendeur pour la valeur du lit de la rivière d'Étreux, dont il était exproprié, et par application de l'art. 545 du Code civil ; — Qu'en jugeant ainsi, cet arrêt a faussement appliqué ledit art. 545 et expressément violé les art. 644 et 714 du Code civil. »

Malgré notre respect pour les décisions de la Cour suprême, nous ne pouvons admettre sa doctrine, qui priverait les riverains de la propriété même des plus petits ruisseaux ; nous persistons dans notre opinion, et nous croyons que son arrêt, d'ailleurs faiblement motivé, n'est pas de nature à faire cesser la controverse qui s'est établie sur la question de propriété des cours d'eau non navigables ni flottables ; il a été rendu par défaut, après trois jours de délibération. La longueur inusitée du délibéré fait regretter encore davantage que le riverain ne se soit pas fait défendre. Il faut espérer que l'affaire viendra en chambres réunies et y sera l'objet d'un débat contradictoire.

Nous nous proposons de publier incessamment une réfutation très-développée de la doctrine sur laquelle est fondé l'arrêt de cassation que nous venons de rapporter.

T. III, p. 137, après le n° 780, ajoutez :

Ces principes ont été consacrés par un arrêt de la Chambre des requêtes de la Cour de cassation, en date du 7 décembre 1842, qui décide expressément que l'un des riverains peut acquérir la propriété exclusive du lit d'un cours d'eau par prescription.

T. III, p. 157, après les mots : cette suppression doit avoir lieu sans indemnité, *ajoutez :* même contre des tiers non propriétaires de l'étang qui auraient un droit partiel de pêche, de promenade en bateau, d'abreuvage, de puisage, de prise d'eau ou de pacage.

Ils ne pourraient réclamer d'indemnité ni de l'état, ni en général du propriétaire de l'étang, quoique celui-ci dût profiter de cette suppression en mettant en culture le terrain de l'étang, qui deviendrait ainsi plus productif.

L'art. 703 du Code civil porte, en effet, que les servitudes cessent lorsque les choses se trouvent en tel état qu'on ne peut plus en user. Cette disposition est générale, absolue, et n'assujettit le propriétaire dont le fonds est libéré à payer aucune indemnité au créancier de la servitude. Ce mode d'extinction de la servitude était dans les éventualités de la nature des choses.

Cette solution aurait lieu même si l'étang avait reçu une sorte de consécration administrative par l'établissement d'un déversoir et d'un réglement qu'aurait prescrit l'administration.

T. III, après le n° 804, *ajoutez :*

Mais le principe que l'alluvion n'a pas lieu à l'égard des étangs, et que le propriétaire conserve toujours la possession de tout le terrain que l'eau couvre quand elle est à la hauteur de la décharge, n'est applicable qu'autant que l'étang à conservé sa nature; il cesse de l'être lorsque l'étang a disparu depuis plus de trente ans et qu'il n'existe plus qu'un simple fossé avec cours d'eau. (Arrêt de la Cour de cassation du 28 avril 1846; Devilleneuve, Dalloz et *Journal du Palais.*)

Par conséquent, lorsque l'étang a cessé d'exister depuis trente ans, ceux qui en ont possédé le lit pendant cette période en ont acquis la propriété par la prescription. Arrêt de la Cour de cassation du 29 décembre 1845. (Devilleneuve, Dalloz et *Journal du Palais*.)

T. III, p. 228, *après le n°* 874, *ajoutez :*

L'insuffisance de l'autorisation du préfet et la nécessité d'une ordonnance royale ont été de nouveau proclamées par arrêt du conseil du 24 juillet 1845.

Le préfet des Ardennes avait, par un premier arrêté du 7 février 1824, autorisé un sieur Nicolas (aujourd'hui représenté par le sieur Robert Colette) à établir une usine à scierie sur le ruisseau de la Marche, en amont de l'usine des sieurs Royer-Gilmaire et Jobart ; et par un second arrêté, en date du 2 juin 1842, il avait autorisé le sieur Robert Colette à convertir cette usine à scierie en usine à foulerie.

Ces arrêtés ayant statué d'une manière définitive sur l'autorisation demandée et les modifications proposées, contrairement à la jurisprudence du conseil-d'état, qui exige, dans ce cas, l'intervention de l'autorité royale, les sieurs Roger-Gilmiare et Jobart, auxquels lesdits arrêtés portaient préjudice, les attaquèrent pour vice d'incompétence devant le conseil-d'état, qui admit leur pourvoi en ces termes :

« Louis-Philippe, etc.;

» Considérant qu'il n'appartient qu'à nous d'autoriser l'établissement de nouvelles usines, de modifier les anciennes et de faire des réglemens d'eau ; que les préfets ne sont compétens que pour préparer lesdits réglemens ou prendre des mesures provisoires; que dès-lors le préfet des Ardennes, en autorisant d'une manière définitive, par ses arrêtés des 7 février 1824 et 2 juin 1842, l'établissement de l'usine appartenant au sieur Robert Colette, et les modifications que ledit sieur Robert Colette a apportées à cette usine, a excédé ses pouvoirs.

» Art. 1er. Les arrêtés du préfet des Ardennes, en date des 7 février 1824 et 2 juin 1842, sont annulés, sauf aux parties intéressées à se pourvoir devant nous pour demander les autorisations dont il s'agit.

T. III, p. 229, après le n° 876, ajoutez :

La légalité d'un établissement peut aussi résulter d'une adjudication par l'Etat.

La vente nationale d'un moulin à eau, tel qu'il se poursuit et comporte avec tournans et travaillans, confère à ce moulin une existence légale, et si aucune clause de l'acte de vente n'interdit à l'acquéreur ou à ses représentans le droit de réclamer une indemnité en cas de suppression ou de chômage pour cause d'utilité publique, l'usinier a droit alors à une indemnité. (Arrêts du Conseil des 11 juillet et 27 novembre 1844.)

Le Conseil-d'Etat a en outre décidé, le 28 août 1844, que la preuve de la légalité peut encore, à défaut d'actes écrits émanés de l'administration, résulter des circonstances et notamment de l'époque de la construction de l'usine, de la qualité de ses constructeurs, du caractère de la transmission qui en aurait été faite, et même, selon le cas, de la prescription acquise avant les lois abolitives de la féodalité.

T. III, p. 239, *après le n°* 885, *ajoutez :*

Un arrêt du Conseil, du 29 juin 1844, rendu sur le pourvoi du comte d'Anthouard a de nouveau et très-explicitement consacré le principe, que les ordonnances réglant le régime des eaux des moulins et usines, sont des actes purement administratifs, qui ne peuvent être attaqués par la voie contentieuse qu'au cas où les formalités requises par les lois et réglemens n'auraient pas été remplies.

Mais que ces ordonnances de concession n'empêchent pas les parties de se pourvoir devant les tribunaux, seulement pour y faire statuer sur leurs droits privés.

Trois autres arrêts du Conseil, des 25 avril 1842, 22 et 28 août 1844, ont encore décidé que les tribunaux sont compétens pour connaître entre propriétaires d'usines et prairies des questions d'intérêt privé et de l'application de titres particuliers.

T. III, p. 247, après le n° 891, ajoutez :

A plus forte raison, lorsqu'un moulin, ayant une existence ancienne (17ᵉ et 18ᵉ siècles), a été vendu comme bien national, sans qu'aucune clause de l'acte de vente ait interdit à l'acquéreur ou à ses représentans le droit de réclamer indemnité en cas de chômage nécessité par des motifs d'utilité publique, ce moulin doit-il être considéré comme ayant une existence légale, et le propriétaire est-il fondé, en cas de diminution de force motrice ou de chômage de son usine par suite de l'exécution des travaux publics, à demander la réparation du préjudice qu'il aurait éprouvé. (Arrêts du Conseil des 11, 25 juin et 24 juillet 1845.) Nous avons, d'ailleurs, expliqué les règles d'après lesquelles on doit juger de la légalité de l'existence des usines. Ainsi qu'on l'a vu, ce n'est que pour celles situées sur les rivières navigables et flottables que l'existence antérieure à 1566 doit être prouvée. (Arrêt du Conseil du 30 mars 1846 et autres.)

Le Conseil de préfecture est, en général, compétent pour rechercher si l'usine a une existence légale et pour fixer le chiffre de l'indemnité. (Arrêts du Conseil des 27 novembre 1844, 16 janvier 1846 et autres.)

T. III, p. 251, *après le n°* 894, *ajoutez:*

Un arrêt de la Cour de cassation du 18 avril 1843 semble avoir posé en principe, que le gouvernement peut valablement insérer dans les actes d'autorisation, la réserve de faire, sans indemnité, toutes les dispositions que bon lui semblera dans l'intérêt de la navigation, du commerce et de l'industrie, et qu'en conséquence il avait eu le droit, dans l'espèce dont il s'agissait, de permettre l'érection d'un autre établissement.

L'action du propriétaire du premier afin de destruction des ouvrages et de paiement de dommages-intérêts, a été repoussée.

Cependant, la question n'a pas été nettement décidée et ne pouvait guère l'être, puisqu'il n'appartient pas à l'autorité judiciaire de connaître des actes de l'autorité administrative, et que la première n'avait qu'à faire exécuter des ordonnances d'autorisation qui n'étaient pas attaquées devant l'administration, seule compétente pour les réformer; d'ailleurs, l'arrêt de la cour royale semblait avoir déclaré qu'il n'y avait pas préjudice causé.

La question se présentera prochainement au Conseil-d'Etat, dans plusieurs affaires dont est chargé M. Avisse.

Voyez en outre ce que nous disons T. IV. n° 1144.

T. III, p. 326, après le n° 1002, *ajoutez :*

La Cour de cassation, chambre civile, a rendu, le 18 juillet 1843, une décision qui semble contrarier ces principes, puisqu'on lit, dans ses motifs comme dans ceux de la Cour royale, que le droit de passage réclamé n'était pas une conséquence nécessaire du droit de canal ou d'aqueduc, non plus que du droit de surveillance pour l'entretien du canal et la constatation des œuvres nuisibles à l'exercice du droit.

On ne comprend guère comment le créancier de l'aqueduc pourrait faire réparer les rives et faire constater l'existence des œuvres nuisibles, sans avoir la possibilité de passer sur les bords, lui, ses domestiques et ouvriers, et d'y déposer les matériaux nécessaires.

L'arrêt pourrait toutefois s'expliquer par cette considération que le créancier prétendait à un passage constant, permanent, tandis qu'il ne pouvait avoir droit qu'à une servitude spéciale, limitée au cas où il serait constaté qu'il pouvait avoir besoin d'en user.

T. IV, p. 37, après la 8e ligne du n° 1090, ajoutez :

Cette doctrine a été expressément consacrée par deux arrêts de la Cour de cassation des 6 mars 1844 et 28 avril 1846, qui ont admis l'acquisition des francs bords au profit de tiers par le moyen de la prescription.

M. Avisse, mon successeur à la Cour de cassation, a eu occasion de développer la même doctrine dans une autre affaire encore indécise.

T. IV, p. 88, après la 15e ligne, ajoutez :

Trois arrêts du Conseil du même jour, 7 avril 1846, ont décidé qu'un préfet avait pu interdire des prises d'eau, ordonner la réduction de vannes et déversoirs en se fondant sur les dispositions d'anciens réglemens approuvés par ordonnance royale, bien que le sens et l'application en fussent contestés.

T. IV, après le n° 1109 bis, ajoutez :

Par conséquent ce droit pourrait aussi résulter de la destination du père de famille, ainsi que l'a d'ailleurs décidé la Cour de cassation, dans une espèce fort remarquable, en accueillant les moyens que nous avions présentés dans l'intérêt du sieur Chauchat.

Un sieur Gros possédait une propriété assez étendue le long d'un chemin public; les eaux de ce chemin se réunissaient dans un fossé qui le bordait; le sieur Gros avait construit un autre fossé latéral au premier, pour dériver et conduire les eaux à la partie la plus reculée de son fonds qui était en nature de prairie; celle qui touchait à la voie publique, terre labourable, n'en avait jamais profité et avait toujours servi de passage à ces eaux.

Les héritiers du sieur Gros partagèrent cette propriété; l'un, représenté aujourd'hui par le sieur Dumont, devint propriétaire de la terre labourable; l'autre, représenté par le sieur Chauchat, eut la prairie; aucune stipulation ne fut faite sur la prise et la conduite d'eau; les propriétés partagées sont seulement désignées par leur nature.

Le sieur Dumont imagina de transformer sa terre labourable en prairie et d'arrêter en totalité les eaux, en se fondant sur ce que les eaux pluviales sont *res nullius* appartenant au premier occupant.

Son système fut accueilli par le tribunal de Brioude.

Mais sur l'appel, intervint à la Cour de Riom arrêt infirmatif fondé sur la destination de père de famille.

Le pourvoi du sieur Dumont contre cet arrêt avait été admis.

Chargé de la défense du sieur Chauchat, je soutins que les eaux pluviales n'étaient *res nullius*, et ne pouvaient être consacrées à l'usage du premier occupant, qu'à défaut de droit acquis contre celui qui voulait se les attribuer; qu'il pouvait être dérogé au droit commun sur ce point, soit par des conventions privées, soit par la prescription, soit par la destination du père de famille, qui devaient toujours avoir leur effet entre les parties qu'elles concernaient. J'invoquais à l'appui de ma discussion l'opinion de MM. Duranton, t. V, n° 160 et Pardessus, *des Servitudes*, t. I, nos 189 et suivans.

Voici le texte de l'arrêt portant rejet du pourvoi.

« La Cour; — Sur le premier moyen; attendu, en droit, que si les eaux pluviales qui coulent sur la voie publique, n'étant à personne, ne sont pas susceptibles d'une propriété exclusive, le propriétaire riverain peut néanmoins les prendre à leur passage ; qu'il dépend de lui d'en faire l'usage qu'il lui plait, et par suite de les concéder à son voisin, afin que celui-ci en use après les avoir reçues de lui.

» Attendu, dans l'espèce, que l'arrêt attaqué, après avoir constaté en fait qu'une rase (ou fossé), bornant au midi le champ Grand, appartenant au demandeur en cassation, conduit à travers ce champ jusqu'au pré contigu du défendeur, les eaux pluviales du chemin de Langeac à Chilhaguet, a déclaré qu'il résultait soit des clauses de l'acte de partage du 12 décembre 1807, soit des faits de la cause que cette rase n'avait été pratiquée par Jacques Gros, auteur commun des parties et propriétaire des héritages divisés, que pour les faire servir exclusivement à l'irrigation de ce pré, et que cet état de choses constituait une servitude de prise d'eau établie par la destination du père de famille; attendu, qu'en le décidant ainsi, et par suite, en maintenant le défendeur en cassation dans le droit exclusif de prendre et de se servir des eaux dont il s'agit, l'arrêt attaqué n'a pas violé les art. 714 et 1128 du Code civil et a fait au contraire une juste application des art. 692, 693 et 694 du même Code ; — Rejette. »

T. IV, p. 133, après le n° 1169, ajoutez :

Le juge de paix, compétent pour connaître de l'action possessoire, est celui de la situation de l'objet litigieux. Si cet objet, quoique ne formant qu'un tout, comme un canal, une usine et ses dépendances, est situé sur plusieurs cantons, le juge de paix de chacun doit statuer sur la possession de la partie de l'objet située dans sa juridiction, et ne pourrait statuer sur le tout. (Arrêt de la Cour de cassation du 6 mai 1846.)

On doit d'ailleurs entendre par objet litigieux, suivant les circonstances, l'immeuble auquel il a été fait des travaux que l'on prétend dommageables à un autre.

Ainsi, lorsqu'il a été fait au déversoir d'un moulin situé dans un canton des travaux que le propriétaire d'une usine, de terres et plantations en amont situées dans un canton différent, soutient lui être préjudiciables, parce qu'ils font refluer les eaux sur ces propriétés, celui-ci doit poursuivre son adversaire devant le juge de paix du canton où le déversoir est situé. (Arrêt de la Cour de cassation du 25 juin 1844.)

L'action possessoire serait recevable, même pour trouble apporté pendant l'instance au pétitoire, par le demandeur, et le juge de paix serait seul compétent pour en connaître, ainsi que l'a reconnu la Cour de cassation par de nombreux arrêts, notamment par celui du 5 août 1845. (Hadol contre Guilgot.)

Nous croyons qu'il en serait de même à l'occasion d'un trouble grave, d'une innovation importante que se permettrait le défendeur pendant le cours de l'instance pétitoire, sans qu'on pût opposer au demandeur qu'en se pourvoyant au pétitoire, il a reconnu la possession de son adversaire ; car tout ce qu'on peut inférer de là, c'est qu'il a consenti à laisser les choses dans l'état où elles étaient quand il a agi, mais non à supporter toute innovation qui viendrait changer essentiellement sa propre possession, sa situation antérieure.

T. IV, p. 156, *après le n°* 1179, *ajoutez :*

La Cour de cassation a rendu, le 4 mars 1846, sur notre plaidoirie, un arrêt fort remarquable entre les sieurs de Saint-Santin et Albrespic, propriétaires de prairies situées en face l'une de l'autre et séparées par un chemin public.

Une source existe sur un terrain communal. Ses eaux vont se jeter dans un chemin public où elles se réunissent à des eaux pluviales assez abondantes et forment un ruisseau qui longe d'abord la propriété du sieur Albrespic dans laquelle naissent quelques faibles sources. Toute cette masse d'eau descend sur le pré du sieur de Saint-Santin où elle est utilisée au moyen de plusieurs ouvertures faites dans le mur qui le clot, de barrages établis dans le chemin.

Le sieur de Saint-Santin a toujours joui des eaux exclusivement pour l'irrigation de son pré, et le sieur Albrespic, dont la propriété commence au dessus et finit au milieu de celle du premier, a imaginé de les détourner en totalité pour ne les rendre qu'à l'extrémité de son fonds, par conséquent à moitié du pré de son adversaire, au dessous de ses prises d'eau et barrages.

Action en complainte possessoire par le sieur de Saint-Santin.

Le juge de paix la repousse. Ou il s'agit, dit- il, d'eaux pluviales, et elles appartiennent à celui que la disposition des lieux autorise à s'en emparer le premier ; ou il s'agit d'un ruisseau d'eau vive, et le propriétaire du fonds supérieur qui n'en a jamais usé peut s'en servir quand il le veut, aux termes de l'art. 644 du Cod. civ., à moins que l'inférieur n'ait exécuté sur le fonds supérieur des travaux de nature à lui faire acquérir la prescription.

Sur l'appel, jugement confirmatif fondé sur ce que, bien qu'il s'agisse d'un véritable cours d'eau formé en partie d'eaux de sources, en partie d'eaux pluviales qui même sont quelquefois les plus abondantes et les plus fertilisantes, on ne peut pas considérer le sieur de Saint-Santin, comme possesseur exclusif de son volume, avec droit d'empêcher le supérieur d'en user, parce que les faits de jouissance qu'il allègue ne peuvent lui faire acquérir aucun droit privatif. Chargé du pourvoi en cassation, je soutins que l'existence très-visible des prises d'eau et des barrages, accompagnée de la jouissance exclusive des eaux suffisait pour assurer au possessoire le succès de la cause du sieur de Saint-Santin; qu'en supposant que son adversaire eût le droit de réclamer partie de ces eaux, il ne pourrait le faire valoir qu'au pétitoire; mais qu'il devait lui être interdit provisoirement de s'en emparer, de les détourner et de ne les rendre qu'à moitié de la prairie de son adversaire.

L'arrêt de cassation est ainsi conçu :

« Vu les art. 23, Code de procédure, et 6 de la loi du 25 mai 1838; attendu qu'il est déclaré, en fait, par le jugement attaqué : 1° que, depuis longues années, le demandeur ou ses auteurs avaient pratiqué dans le mur de clôture, bordant le chemin de Peyssé, trois ouvertures destinées à recevoir les eaux, et dont une au moins ne pouvait servir qu'à conduire dans son pré celles qui coulaient dans ledit chemin;

2° que, depuis longues années, un barrage avait été fait dans ledit chemin, en face de chaque ouverture, pour arrêter ces mêmes eaux et les conduire dans ledit pré; 3° que le demandeur s'était constamment servi de toutes les eaux en litige pendant le même espace de tems, sans que le défendeur ou ses auteurs les aient utilisées; 4° que, malgré la jouissance exclusive du demandeur, le défendeur, riverain supérieur, a depuis moins d'un an, avant l'instance au possessoire, établi un barrage pour arrêter les eaux et les diriger dans son pré, d'où elles retombent, après l'avoir arrosé, dans le chemin de Peyssé, au dessous des points où le demandeur avait jusqu'alors pris ou reçu lesdites eaux.

» Attendu que les entreprises sur les cours d'eaux servant à l'irrigation des propriétés sont classées par la loi parmi celles qui peuvent donner lieu à l'action possessoire; — que, pour écarter l'action en complainte exercée en tems utile, en vertu d'une possession plus qu'annale qu'il reconnait lui-même, le jugement attaqué se fonde : 1° sur ce que la faculté consacrée par l'art. 644 du Code civil, en faveur du riverain supérieur, est imprescriptible; 2° sur ce que les ouvrages faits par le demandeur ou ses auteurs, pour prendre ou recevoir les eaux, ne sont pas des ouvrages apparens faits sur le fonds du propriétaire supérieur par le riverain inférieur;

» Mais attendu que, d'une part, cette dernière condition, prescrite par l'art. 642 du Code civil, quant à l'eau d'une source, ne peut s'appliquer à un cours d'eau bordant des propriétés privées; — Attendu, d'autre part, que, quel que puisse être au pétitoire le droit du propriétaire supérieur, le riverain inférieur, qui a exercé depuis plus d'un an le droit légal d'user de ce cours d'eau pour l'irrigation de sa propriété, s'est créé une possession utile, de nature à motiver, en cas de trouble, l'action possessoire; d'où il suit qu'en confirmant le jugement qui a débouté le demandeur de son action en complainte, le jugement attaqué a expressément violé les articles de lois précités. »

T. IV, p. 158, après le n° 1182, ajoutez :

Le juge saisi d'une action possessoire relative aux francs bords peut prendre en considération le fait que le canal est artificiel; en conséquence, il peut se transporter sur les lieux et ordonner une expertise pour en faire la vérification, lorsque le défendeur nie que le canal soit fait de main d'homme. Un arrêt de la Cour de cassation, du 15 avril 1845, rendu sur notre plaidoirie, dans l'affaire des frères Muzellec contre Marhic, l'a ainsi décidé en cassant un jugement du tribunal de Brest.

Depuis, et le 12 août 1846, la même Cour a cassé, sur la plaidoirie de M. Avisse, un second jugement du même tribunal, qui était la conséquence du premier et était fondé sur les mêmes principes.

T. IV, après le n° 1183, ajoutez :

La même Cour a encore décidé, par arrêt du 24 février 1846, que le juge d'appel d'une sentence rendue au possessoire qui, au lieu de statuer simplement sur la possession, comme l'avait fait le juge de paix, prononce sur le fond du droit des parties, autorise une prise d'eau, fait entre elles un réglement pour la jouissance, permet l'établissement d'un escalier et d'un aqueduc à travers le fonds de la partie adverse, commet un excès de pouvoir et cumule le pétitoire avec le possessoire. (*Voy.* de Villeneuve, 1846, I, 399; Dalloz et le *Journal du Palais.*) Voyez en outre l'arrêt de cassation du 14 décembre 1841, qui décide, en annulant un jugement du tribunal de Confolens, qu'il n'appartient pas au juge du possessoire d'appliquer l'art. 645 du Code civil, de faire un réglement de prise d'eau. Ces arrêts sont la condamnation de la doctrine de M. Henrion de Pansey, qui attribuait aux juges de paix l'exercice du pouvoir créé par l'article précité.

T. IV, p. 172, après le n° 1190, ajoutez :

La Cour de cassation a confirmé sa jurisprudence par arrêt du 28 avril 1846, rendu dans une espèce où il s'agissait de puisage d'eau et d'établissement de *lavoir*. La Cour de cassation n'a vu dans ces faits que l'exercice d'une servitude *discontinue* apparente.

Il en eût été autrement, s'il se fût agi d'une coupure faite à un fossé ou canal, et d'une dérivation des eaux pour arroser une prairie. Il y aurait eu alors *aqueduc*, établissement constitutif d'une servitude continue et apparente.

T. IV, après le n° 1192, ajoutez :

Nous croyons, malgré un arrêt de rejet de la Cour de cassation, du 19 avril 1845, qu'un particulier peut intenter action possessoire à raison des mesures administratives qui lui portent préjudice, soit en soutenant que les actes de l'administration ne peuvent être considérés comme ayant autorisé ses travaux, soit en demandant un sursis pour faire statuer sur la demande en interprétation ou en réformation. Ce sursis ne peut être refusé, ainsi que la Cour de cassation elle-même l'avait reconnu par plusieurs arrêts antérieurs. A plus forte raison en doit-il être ainsi quand la mesure administrative n'a été révélée au demandeur que par l'usage qu'en a fait le défendeur pour repousser l'action.

On doit décider que l'autorité judiciaire est compétente pour prononcer des dommages-intérêts et la suppression d'un barrage non autorisé, quoique le défendeur soit en instance administrative pour obtenir l'autorisation, et qu'elle lui soit délivrée dans le cours du procès. (Arrêt de cassation, du 7 janvier 1846.)

Mais l'autorité judiciaire est compétente pour statuer sur les actions possessoires intentées et sur les dommages-intérêts réclamés par des particuliers, à raison du trouble apporté à leur possession par les agens de l'administration, sans l'accomplissement des formalités prescrites par les lois sur l'expropriation pour cause d'utilité publique, alors même que ces agens auraient agi en vertu d'ordres donnés par l'autorité supérieure. (Arrêt du Conseil, du 4 juillet 1845.)

T. IV, p. 187, *après le n°* 1198, *ajoutez :*

Le propriétaire d'un moulin ou d'un fonds situé sur le cours d'eau principal a le droit de faire réprimer l'abus que se permettrait un autre propriétaire d'héritage ou d'usine situé en amont, sur un affluent, et de provoquer un réglement. Celui-ci ne pourrait alléguer, pour se garantir de cette action, que le propriétaire inférieur n'est pas riverain de l'affluent; car avec ce système, le cours d'eau principal pourrait être réduit à rien; souvent il n'est formé que par la réunion des eaux des affluens. Ceux-ci doivent être considérés comme les parties du tout.

Nous pourrions citer de nombreux réglemens administratifs qui comprennent les affluens comme le cours d'eau principal. Les tribunaux doivent faire ce que ferait le pouvoir administratif.

Ces principes ont été formellement consacrés par un arrêt de la Chambre civile, du 30 décembre 1845, portant cassation d'un arrêt de la Cour royale d'Agen rendu entre les sieurs Lefranc de Pompignan et de Montault.

T. IV, p. 210, *après le n°* 1209, *ajoutez :*

L'indemnité due à un particulier pour la privation, par suite de travaux publics, de sources détournées ou de l'exercice du droit d'irrigation résultant de l'art. 644 du Code civil, doit être appréciée par les tribunaux. (Arrêts du Conseil du 19 juillet et 7 août 1843.)

T. IV, p. 217, après le n° 1224, ajoutez :

L'autorité judiciaire a reçu de la loi du 29 avril 1845 sur les irrigations une compétence spéciale pour décider les contestations que peut faire naître l'application de ses diverses dispositions. Nous renvoyons au commentaire que nous avons publié sur cette loi.

Imprimerie de PILLET fils aîné, rue des Gr.-Augustins, 7